TOMI UNGERER'S

HINTEREINANDER

TOMI UNGERER'S
HINTEREINANDER

WILHELM HEYNE VERLAG
MÜNCHEN

UMSCHLAGGESTALTUNG:
NORBERT HÄRTL, MÜNCHEN
UNTER VERWENDUNG EINER VORLAGE
VON TOMI UNGERER
DRUCK UND BINDUNG:
RMO-DRUCK GMBH, MÜNCHEN
ISBN 3-453-05189-0

OHNE HINTERGEDANKEN

BEI EINER AKTZEICHNUNG FANGE ICH IMMER MIT DEN RUNDUNGEN DES ARSCHES AN. LOGISCH! ER STEHT INMITTEN DES KÖRPERS, FALTENLOS, EINE GLATTE FLÄCHE OHNE ZUBEHÖR WIE NABEL, AUGEN ODER OHREN. SCHÖN GESPALTEN, EIN SCHAU-INS-LAND.

NICHT OHNE AUSDRUCK: ES GIBT LÄCHELNDE, MUNTERE, TRÜBE UND GRINSENDE ÄRSCHE, MANCHMAL ZUCKEND, MANCHMAL FUNKELND. MEISTENS SIND SIE APPETITLICH, BESONDERS SCHON BEI BABYS, WO MAN GERN REINBEISSEN MÖCHTE, SPÄTER ANREIZEND ZUM PRÜGELN UND ZUM PEITSCHEN. DOCH AM BESTEN IST ES, IHN LIEBLICH ZU KOSEN, ODER ZU KNETEN, ODER DIE BACKEN MIT VOLLER HAND WAHRZUNEHMEN.

OHNE ARSCH – WAS WÜRDEN WIR TUN? SITZEN WÄRE UNMÖGLICH, DIE TOILETTEN WÜRDEN IN ARBEITSLOSIGKEIT GERATEN UND DER ARME MENSCH WÜRDE EXPLODIEREN UNTER DEM DRUCK EINES FRUSTRIERTEN AUSPUFFS UND EINGESPERRTER MAHLZEITRESTE.

IN DER SPRACHE WIRD DER ARSCH LEIDER NIEDERTRÄCHTIG ALS SCHIMPFWORT BENUTZT, ANSTATT EIN KOMPLIMENT ZU SEIN. WENN GOTT DEN MENSCHEN NACH SEINEM BILD GESCHAFFEN HAT, SO SIND ALLE BEIGEFÜGTEN KÖRPERTEILE DES MENSCHEN GOTTÄHNLICH – ALSO RESPEKT! ARSCH HAT FÜR MICH EINEN GUTEN, GESUNDEN, SAFTIGEN KLANG.

DAS HINTERTEIL HAT SEINE VORTEILE, VIELLEICHT WIRD ES IN DER ZUKUNFT DURCH DIE GENMANIPULATION ZWEIÄRSCHIGE SEKRETÄRINNEN GEBEN. SO WEIT SIND WIR NOCH NICHT. IN DER ZWISCHENZEIT BIN ICH MIT MEINEM ZUFRIEDEN, OHNE HINTERGEDANKEN IST IHM DIESES BUCH GEWIDMET.

TOMI UNGERER

DIE ARSCHE VON NOAH

ARSCHIPELAGO

ARSCHEOLOG

MONARSCHIE

PATRIARSCH

POSAUNE

POTENZ !

L'ARSCH DE TRIOMPHE

ARSCHIVIST

ARSCHITEKT

HINTERKOPF

HINTER GEDANKE

POKAL

PONY

POLITIKER

FARSCHSTUHL

ARSCHLOCH

HINTER TREPPE

POLIZEI

POLYGAMIE

EIN BARSCH

ARSCHIMED

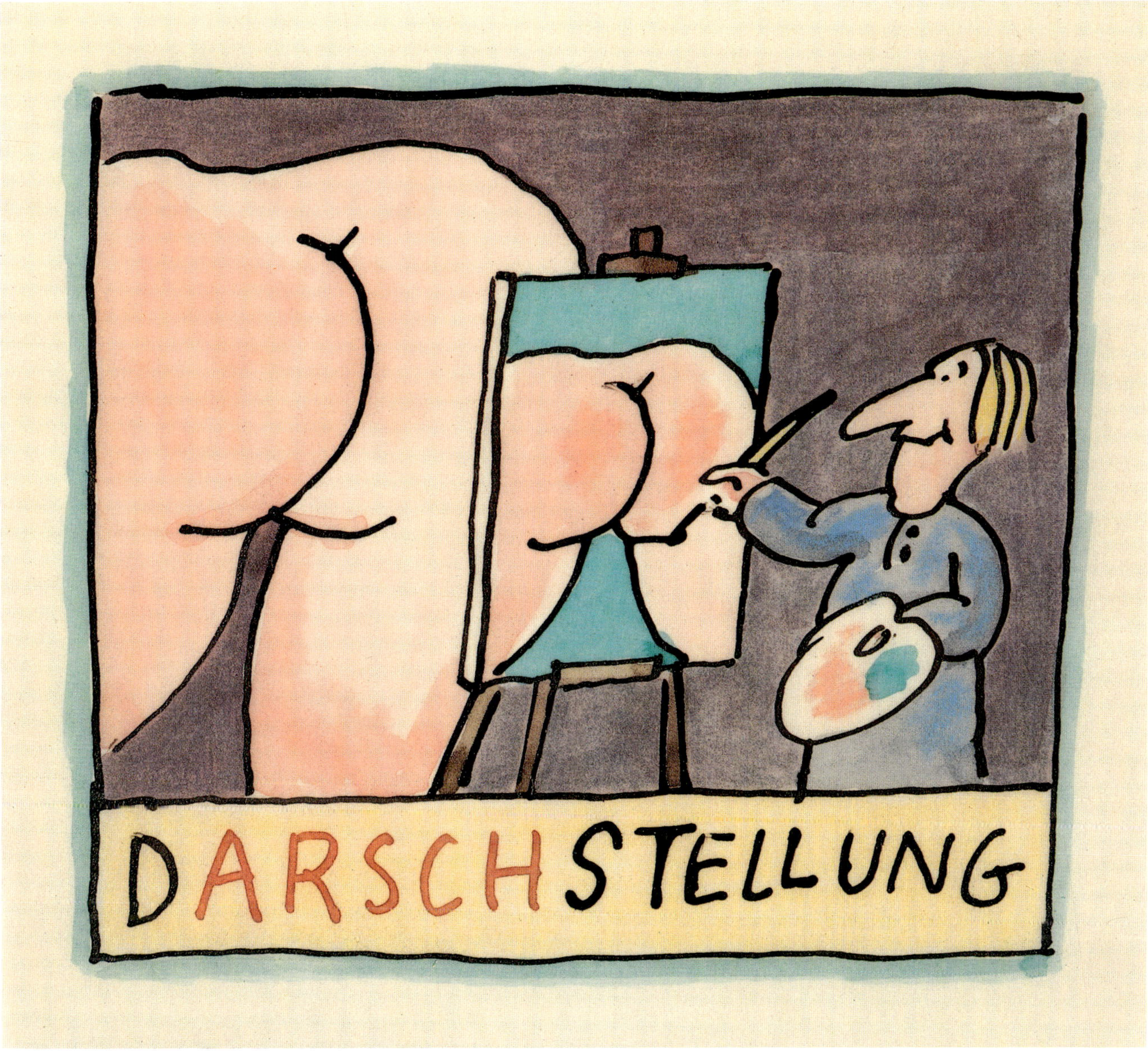
DARSCHSTELLUNG

HINTERTÜR

ARSCHEN BECHER

HINTERLAND

ANARSCHIST

HINTERBLIEBENE

HINTER GRUND

DIE HINTERNATIONALE

HINTERRAD

EINMARSCHIEREN

NARSCHSPEISE